全国职业院校城市轨道交通专业教材

城市轨道交通行车组织
习题册

郭英明　主编

中国劳动社会保障出版社

简　介

本习题册是全国职业院校城市轨道交通专业教材《城市轨道交通行车组织》的配套习题册。

本习题册根据职业院校城市轨道交通专业学生的特点，按照教材分章节编写，包括行车组织概述、行车组织基础设备、行车组织基本原理、车站行车作业、车辆段行车作业、施工作业组织和行车调度，有填空题、选择题、判断题、名词解释、简答题、综合分析题等多种题型，供学生课后练习使用。本习题册配有参考答案，可通过技工教育网（http://jg.class.com.cn）下载。

本习题册由郭英明任主编。

图书在版编目（CIP）数据

城市轨道交通行车组织习题册 / 郭英明主编 . -- 北京：中国劳动社会保障出版社，2020
全国职业院校城市轨道交通专业教材
ISBN 978-7-5167-4785-8

Ⅰ.①城…　Ⅱ.①郭…　Ⅲ.①城市铁路 – 行车组织 – 高等职业教育 – 习题集　Ⅳ.①U239.5-44

中国版本图书馆 CIP 数据核字（2020）第 208219 号

中国劳动社会保障出版社出版发行
（北京市惠新东街 1 号　邮政编码：100029）
*
三河市潮河印业有限公司印刷装订　　新华书店经销
787 毫米 ×1092 毫米　16 开本　2.25 印张　51 千字
2020 年 12 月第 1 版　　2025 年 12 月第 7 次印刷
定价：6.00 元

营销中心电话：400-606-6496
出版社网址：http://www.class.com.cn
http://jg.class.com.cn

目　录

第一章　行车组织概述

一、填空题（将正确答案填在横线空白处）

1. 城市轨道交通组成复杂、客流量大，要实现安全、有序、高效的运营目标，为乘客提供______、______、便捷、舒适的服务，对__________工作要求极高。

2. 城市轨道交通是采用__________进行承重和导向的车辆运输系统。

3. 城市轨道交通机电设备包括____________、通信系统、____________、综合监控系统、自动售检票系统、通风系统、空调与供暖系统、给排水与消防系统、火灾自动报警系统，以及站台门、自动扶梯、电梯、轮椅升降机等。

4. 行车组织工作必须坚持集中管理、__________、逐级负责的原则。

5. 行车组织工作实行______工作制，行车时间以________时间为准。

6. ________________是城市轨道交通系统运营日常管理、设备维修、行车组织的指挥中心。

7. 列车按照事先规定好的时间由车站发车，使前行列车和追踪列车之间保持一定时间间隔的行车方法，称为________________。

8. 闭塞方式经历了人工闭塞、半自动闭塞、自动闭塞、______________、移动闭塞五个发展阶段。

二、选择题（将正确答案的字母填在括号内）

1. 常规公共汽车属于（　　）。

A. 城市道路公共交通　　B. 城市轨道交通

C. 城市水上公共交通　　D. 城市其他公共交通

2. 下列选项中，不属于城市轨道交通制式的是（　　）。

A. 地铁系统　　B. 轻轨系统　　C. 单轨系统　　D. 无轨电车

3. 列车运转流程是指每日列车运用过程，包括列车出车辆段、（　　）、列车收车、列车整备四个环节。

A. 列车出段　　B. 列车正线运行　　C. 列车入段　　D. 列车救援

4. 城市轨道交通线路按其在运营中的功能定位不同，分为正线、（　　）和车场线。

A. 安全线　　B. 辅助线　　C. 折返线　　D. 停车线

5. 城市轨道交道列车正常情况下按（　　）组织运行。

A. 单线双方向　　B. 单线单方向

C. 双线单方向　　D. 双线双方向

6. 下列选项中，不属于一级指挥的是（　　）。

A. 环控调度员　　B. 行车调度员

C. 电力调度员　　D. 车辆段调度员

7. 车站行车组织工作由车站当班（　　）统一负责。

A. 站长　　B. 值班站长

C. 行车值班员　　D. 站务员

8. 城市轨道交通主要采用（　　）行车。

A. 电话闭塞法　　B. 自动闭塞法

C. 准移动闭塞法　　D. 移动闭塞法

三、判断题（正确的在题后括号内打“√”，错误的打“×”）

1. 安全生产是党和国家的一贯方针，也是对城市轨道交通运营企业的基本要求。（　　）

2. 零时以前办妥的行车手续，零时以后视为无效。（　　）

3. 运营单位应制定正常情况、非正常情况和应急情况下的行车组织方案。（　　）

4. 行车指挥层次一般分为一级指挥层级和二级指挥层级，二级服从一级指挥。（　　）

5. 车站行车作业组织主要包括接发列车作业和列车折返作业。（　　）

6. 车辆段行车作业由行车值班员统一指挥。（　　）

7. 指挥列车运行的命令和口头指示只能由行车调度员发布。（　　）

8. 空间间隔法因追踪列车不能确切地得到前行列车的运行状况，所以并不能确保列车在区间的运行安全。（　　）

四、名词解释

1. 快速公共汽车

2. 车辆段

3. 行车组织

4．空间间隔法

五、简答题

1．城市轨道交通主要包括哪几种制式？

2．简述城市轨道交通行车组织的特点。

3．简述城市轨道交通行车组织的原则。

4．非正常情况是指什么状态？

六、综合分析题

查阅中国城市轨道交通协会官方网站的年度统计分析报告，回答下列问题：

（1）截至上一年年底，中国大陆开通城市轨道交通的城市数量、运营线路数量、运营线路总长度、当年新增运营线路长度、累计完成客运量分别是多少？

（2）在运营线路中，占比前三名的城市轨道交通制式分别是什么？各自占比是多少？在新增运营线路中，占比最大的城市轨道交通制式是哪种？占比是多少？

（3）全国日均计划开行列次是多少？日均实际开行列次是多少？高峰小时最小发车间隔平均为多少？最短为多少？是哪条线路？

（4）年度统计分析报告给出了哪些思考与建议？

第二章　行车组织基础设备

一、填空题（将正确答案填在横线空白处）

1. 轨道一般由钢轨、________、道床、连接零件、防爬设备等组成。

2. 线路平面由直线、圆曲线以及连接直线与圆曲线的__________组成。

3. 列车、车辆等在运行过程中，常常需要由一条线路转入另一条线路，或跨越其他线路，这就需要设置线路的连接、交叉设备，即________。

4. 道岔开通方向分为定位和反位，原则上通往直线方向为____位，通往曲线方向为____位。

5. 城市轨道交通车辆按牵引动力配置不同，可分为动车和______。

6. ________装置于车体与轨道之间，用来牵引和引导车辆沿着轨道行驶并承受和传递来自车体及线路的各种载荷，缓和其动力作用。

7. 车站按是否具有站控功能，可分为__________和__________。

8. ATC 系统包括三个子系统，即列车自动监控系统、列车自动防护系统和______________。

二、选择题（将正确答案的字母填在括号内）

1. 在我国，钢轨的类型以每米质量的近似值表示，单位为 kg/m，城市轨道交通所使用的钢轨有（　　）两种。

A. 30 kg/m 和 40 kg/m　　B. 40 kg/m 和 50 kg/m

C. 50 kg/m 和 60 kg/m　　D. 60 kg/m 和 70 kg/m

2.（　　）是位于设备限界以外的一个轮廓线，是在设备限界基础上满足设备和管线安装尺寸后的最小有效断面。

A. 列车限界　　B. 车辆限界　　C. 设备限界　　D. 建筑限界

3.（　　）设在曲线中点处列车运行方向右侧，上面标明圆曲线、缓和曲线和曲线半径，以及外轨超高与轨距加宽度。

A. 百米标　　B. 曲线标　　C. 坡度标　　D. 警冲标

4. 道岔号数越大，其导曲线半径越（　　），列车侧线通过道岔时就越平稳，允许的过岔速度越（　　）。

A. 小；低　　B. 小；高　　C. 大；高　　D. 大；低

5. 城市轨道交通车辆按车体宽度不同可分为 A 型车、B 型车和 C 型车三种，三种车型的宽度由小到大排序为（　　）。

A. A 型车、B 型车、C 型车　　B. B 型车、C 型车、A 型车

C．C 型车、A 型车、B 型车　　D．C 型车、B 型车、A 型车

6．车站按运营功能不同，可分为（　　）。

A．大车站和小车站　　B．地下站、地面站和高架站

C．终点站、中间站、折返站和换乘站　　D．集中站和非集中站

7．站台上的设施不包括（　　）。

A．站台门　　B．自动扶梯　　C．消防设施　　D．IBP 盘

8.（　　）系统监督列车在安全速度下运行，确保列车一旦超过规定速度，立即施行制动。

A．ATS　　B．ATP　　C．ATO　　D．ATM

三、判断题（正确的在题后括号内打“√”，错误的打“×”）

1．正线及辅助线选用的钢轨应根据近、远期客流量，并经技术经济综合比较确定，宜采用 60 kg/m 钢轨，也可采用 50 kg/m 钢轨。（　　）

2．城市轨道交通线路按在运营中的作用不同，可以分为正线、停车线和车场线。（　　）

3．正线的最大坡度不宜大于 30‰，困难地段可采用 35‰。（　　）

4．选择道岔号数要因地制宜、因线而异，不可一概而论。（　　）

5．每列车进入正线开始运营前，都会被赋予一个对应的号码，这个号码称为列车车次号，车次号不是唯一的。（　　）

6．执行救援任务的列车通常为电客车或工程车。（　　）

7．岛式站台的优点是上下行乘客避免相互干扰，正线和站线间不设喇叭口，造价低，改建容易。（　　）

8．当轨道电路设备、线路完好，又没有列车、车辆占用时，轨道电路的电流从电源正极经钢轨、轨道继电器线圈回到负极而构成闭合回路。（　　）

四、名词解释

1．车辆限界

2．设备限界

3. 有害空间

4. 列车

五、简答题

1. 简述线路设计的原则。

2. 简述道岔设置的原则。

3. 简述车辆段的主要功能。

4．手摇道岔“六部曲”作业要求是什么？

六、综合分析题

图 2–1 所示为轨道电路原理图，请看图并回答下列问题。

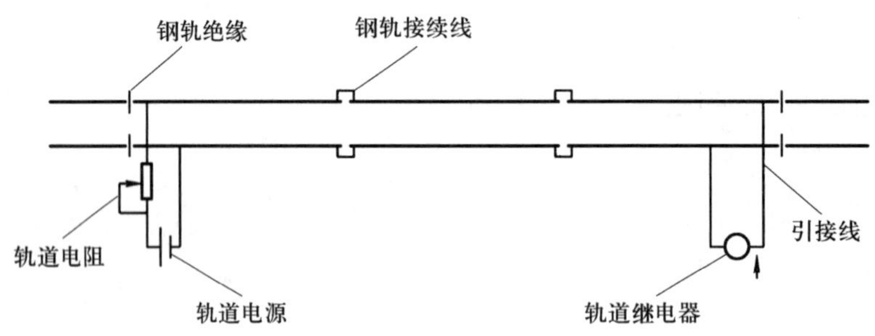

图 2–1　轨道电路原理图

（1）当轨道电路设备、线路完好，没有列车、车辆占用时，其工作原理是什么？这是什么状态？

（2）当轨道电路设备、线路完好，有列车、车辆占用时，其工作原理是什么？这是什么状态？

（3）当轨道区段内发生轨道或线路断裂时，其工作原理是什么？这是什么状态？

第三章　行车组织基本原理

一、填空题（将正确答案填在横线空白处）

1. 信号显示应满足"__________原则"，即在系统或设备发生故障、错误或失效的情况下，能自动导向安全侧并具有减轻直至避免损失的功能，确保行车安全的要求。

2. 当信号设备故障，采用电话闭塞法行车时，________是列车占用区间的行车凭证。

3. 根据作业性质不同，进路大体上可分为____________和____________两类。

4. 每条进路的始端都有一架____________防护该进路。

5. 通过进路的终端是出站方向的进站信号机或____________。

6. 道岔转换完毕后，将有关道岔和______________锁闭，确保行车安全。

7. 在信号开放后，列车或调车车列尚未驶入进路的接近区段期间，称此时的进路锁闭为______________。

8. 在铁路上，两个车站（或线路所）之间的线路称为________。

二、选择题（将正确答案的字母填在括号内）

1. 下列选项中，不属于行车凭证的是（　　）。

A. 道岔　　B. 路票　　C. 速度码　　D. 调度命令

2. 下列选项中，属于正常运营模式的列车驾驶模式是（　　）。

A. 折返模式　　B. ATO　　C. RM　　D. URM

3. 进路安全的条件不包括（　　）。

A. 列车或调车车列在驶入进路之前必须确认进路处于空闲状态

B. 进路上所有道岔的位置正确且被锁在正确位置上，防止由于震动或扳动道岔而使运行中的列车或调车车列脱轨

C. 必须确认其他列车或调车车列不会从正面、侧面和尾部闯入进路，造成撞车事故

D. 信号机关闭允许信号

4. 下列选项中，不属于列车进路的是（　　）。

A. 接车进路　　B. 发车进路　　C. 通过进路　　D. 牵出进路

5. 建立进路的过程不包括（　　）阶段。

A. 进路选择　　B. 道岔控制　　C. 进路锁闭　　D. 进路解锁

6.（　　）是在信号系统故障，不能使用ATP防护正常行车时，由两车站值班员利用站间行车电话沟通，以电话记录的方式办理闭塞的方法。

A. 电话闭塞　　B. 半自动闭塞　　C. 自动闭塞　　D. 移动闭塞

7. 移动闭塞的三个基本要素是（　　）、安全距离和目标点。

A. 进路　　B. 信号机　　C. 列车定位　　D. 道岔

8. 列车运行图是利用（　　）表示列车运行的一种图解形式。

A. 几何原理　　B. 坐标原理　　C. 复数原理　　D. 图示原理

三、判断题（正确的在题后括号内打“√”，错误的打“×”）

1. 防护进路的信号机显示允许信号时，列车或调车车列方可进入进路。（　　）

2. 建立接车进路的目的是由某股道向某方向发出列车。（　　）

3. 建立一条调车进路，如果只需开放一架调车信号机，则称该进路为单元调车进路或短调车进路。（　　）

4. 一架信号机不可以同时防护几条进路，即它不可作为几条进路的始端。（　　）

5. 合理利用平行进路，可以提高行车或调车作业效率。（　　）

6. 基本闭塞法不是具体指某一种闭塞法，而是根据线路运营条件指定的一种闭塞法。（　　）

7. 在自动闭塞中，闭塞分区随着列车的行驶，不断地移动和调整。（　　）

8. 列车交路计划的实现只能在两个设有渡线或折返线路的车站之间进行。（　　）

四、名词解释

1. 行车信号

2. 进路

3. 闭塞

4. 联锁

五、简答题

1．区间的状态有哪几种？

2．简述进路划分的原则。

3．列车运行图的基本要素有哪些？

4．列车交路的种类有哪些？

六、综合分析题

1．图 3–1 所示为某铁路车站信号设备平面布置图，写出图中与武汉方面相关的接车、发车和通过进路的范围，填入表 3–1。

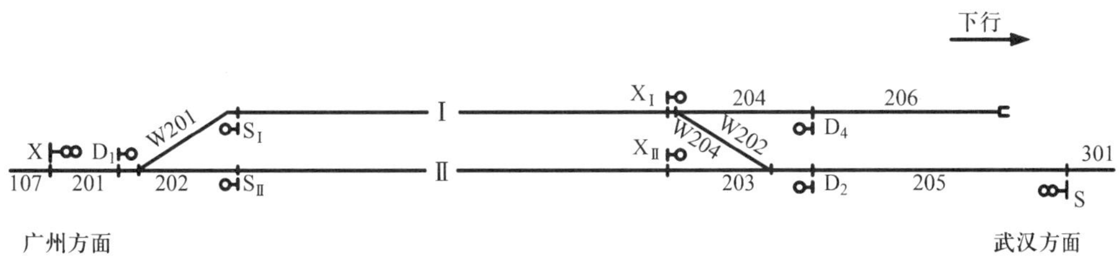

图 3–1　某铁路车站信号设备平面布置图

表 3–1　　与武汉方面相关的接车、发车和通过进路的范围

进路名称、性质	始端	终端	防护信号机	显示允许的信号机	道岔（未注明状态）	轨道区段

2．以图 3–2 所示的车站信号平面布置图为依据，编制东郊方面发车进路的联锁表，填入表 3–2。

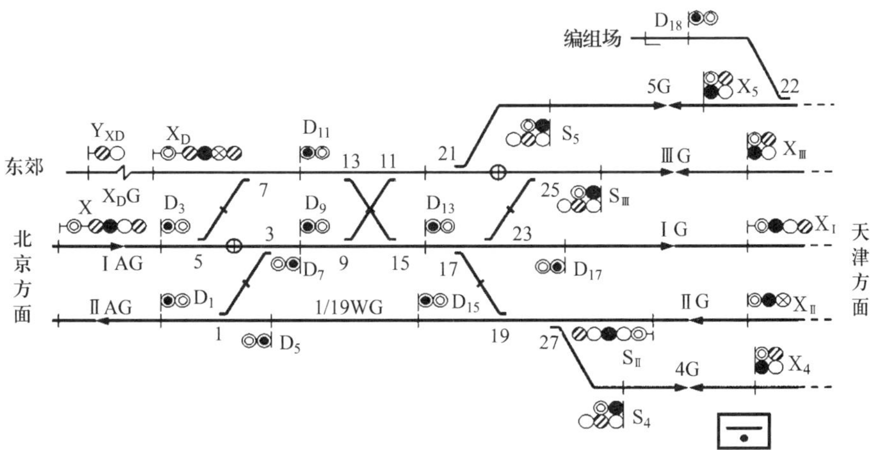

图 3–2　车站信号平面布置图

表 3–2 东郊方面发车进路的联锁表

方向			进路	进路方式	排列进路按下按钮	确定运行方向道岔	信号机		表示器	道岔	敌对信号	轨道区段	迎面进路		其他联锁	进路号码
							名称	显示					列车	调车		
列车进路	东郊方面	发车	由 5 股道						B						BS	5
			由Ⅲ股道						B						BS	6
			由Ⅱ股道						B						BS	7
			由 4 股道						B						BS	8

第四章　车站行车作业

一、填空题（将正确答案填在横线空白处）

1. ＿＿＿＿＿＿在值班站长的领导下，负责车站行车组织工作，按有关规定操作和监控行车设备。

2. 行车值班员负责值守＿＿＿＿＿＿＿，监控该处所内各项设备、设施状态，发现故障及异常情况应及时按有关程序处理。

3. 车站行车作业制度主要有车站值班员岗位责任制、交接班制度、检修施工登记制度、＿＿＿＿＿＿＿＿、巡视检查制度和行车事故处理制度等。

4. 擦拭道岔前，必须与＿＿＿＿＿＿＿联系，办理控制权下放手续。

5. 手信号分为信号灯、信号旗和＿＿＿＿＿＿三类。

6. 列车进站时，站务员站在门旁，面向乘客，单手做“＿＿＿＿＿＿”的服务手势，引导乘客先下后上。

7. 具有列车折返能力的车站称为＿＿＿＿＿＿。

8. 站前折返一般利用＿＿＿＿＿进行。

二、选择题（将正确答案的字母填在括号内）

1. 本站首班列车到达前 30 min，（　　）按规定试验道岔。
   A. 值班站长　　B. 行车值班员　　C. 客运值班员　　D. 站务员

2. 本站线网末班车前 10 min，（　　）检查行车值班员是否提前 10 min 播放末班车广播。
   A. 值班站长　　B. 行车值班员　　C. 客运值班员　　D. 站务员

3.（　　）组织本班员工开展工作，对本班车站运营全面负责。
   A. 值班站长　　B. 行车值班员　　C. 客运值班员　　D. 站务员

4.（　　）负责运营生产信息的上传下达，及时处理外部信息和报出本站信息。
   A. 值班站长　　B. 行车值班员　　C. 客运值班员　　D. 站务员

5. 以下不属于行车备品的是（　　）。
   A. 钩锁器　　B. 手摇把　　C. 红闪灯　　D. LOW

6. 昼间紧急停车信号的显示方法是（　　）。
   A. 展开红色信号旗　　B. 展开红色信号旗下压数次
   C. 红色灯光下压数次　　D. 展开黄色信号旗

7. 昼间通过信号的显示方法是（　　）。

A．展开红色信号旗　　B．展开黄色信号旗
C．展开绿色信号旗　　D．使手信号灯发出黄色灯光

8．下列选项中，属于站前折返优点的是（　　）。
A．列车无空车走行　　B．接发车采用平行作业
C．列车进出站速度快　　D．乘客无不舒适感

三、判断题（正确的在题后括号内打“√”，错误的打“×”）

1．车站实行逐级负责制，紧急情况下可越级指挥、越级汇报。（　　）
2．中心站长代表城市轨道交通运营企业在车站行使属地管理权。（　　）
3．行车值班员巡查乘客携带的行李物品，严防“三品”进站。（　　）
4．联系各种行车事宜时，必须程序正确、用语规范、内容完整、简明清楚。（　　）
5．道岔必须由专人负责定期擦拭。（　　）
6．列车灯闪、车门即将关闭时，站务员站在下车通道，面向候车乘客，单手做“请”的服务手势。（　　）
7．站前折返由于渡线设置在站前，车站正线兼折返线，有利于降低车站造价。（　　）
8．城市轨道交通车站通常每日要办理多次接发列车作业。（　　）

四、名词解释

1．列车折返

2．“先通后复”原则

五、简答题

1．简述车站行车作业的基本要求。

2．简述行车值班员的岗位职责。

3. 简述手信号显示原则。

4. 简述站后折返方式的优点。

六、综合分析题

在正常情况下，车站的控制权一般掌握在运营控制中心。当运营控制中心将控制权移交给车站时，可在车站 LOW 人工排列进路接发列车。

（1）将发车站作业标准用语填入表 4–1 空白处。

表 4–1　　发车站作业标准用语

<table>
<tr><th rowspan="2">作业程序</th><th colspan="3">作业程序及用语</th></tr>
<tr><th>值班站长</th><th>LOW 操作员
（行车值班员）</th><th>站台站务员</th></tr>
<tr><td>一、发车预告</td><td></td><td>—</td><td>—</td></tr>
<tr><td>二、准备进路、开放信号</td><td></td><td></td><td>—</td></tr>
<tr><td rowspan="2">三、发车</td><td></td><td>—</td><td></td></tr>
<tr><td></td><td></td><td></td></tr>
<tr><td rowspan="2">四、报点</td><td></td><td>—</td><td>—</td></tr>
<tr><td></td><td>—</td><td>—</td></tr>
</table>

（2）将接车站作业标准用语填入表 4–2 空白处。

表 4–2　　接车站作业标准用语

<table>
<tr><th rowspan="2">作业程序</th><th colspan="3">作业程序及用语</th></tr>
<tr><th>值班站长</th><th>LOW 操作员
（行车值班员）</th><th>站台站务员</th></tr>
<tr><td>一、听取预告</td><td></td><td>—</td><td>—</td></tr>
<tr><td>二、准备进路、开放信号</td><td></td><td></td><td>—</td></tr>
<tr><td rowspan="3">三、接车</td><td></td><td>—</td><td></td></tr>
<tr><td></td><td>—</td><td></td></tr>
<tr><td></td><td></td><td>—</td></tr>
<tr><td>四、报点</td><td></td><td>—</td><td>—</td></tr>
</table>

第五章　车辆段行车作业

一、填空题（将正确答案填在横线空白处）

1. 发车计划由运转值班员根据____________、运营检修用车安排、车辆段线路存车情况等编制。

2. 从车辆运用角度，列车正线运行主要涉及______________、列车驾驶作业和司机正线交接班作业。

3. 列车收车作业包括列车入段和入库、______________两部分。

4. 列车整备作业分为列车清洗、列车检修和____________三部分。

5. 城市轨道交通企业管理中通常使用两种乘务制度，即___________和___________。

6. 车辆段内作业应以____________为优先，其他作业不能影响列车出入车辆段。

7. 调车作业人员应按作业标准和________________执行调车作业。

8. 车辆段通过_______与正线车站连接。

二、选择题（将正确答案的字母填在括号内）

1. 车辆段行车作业不包括（　　）。

   A. 发车作业　　B. 接车作业　　C. 调车作业　　D. 正线运行

2. 在正常情况下，进入正线后的列车以（　　）模式运行。

   A. 折返　　B. 自动驾驶　　C. RM　　D. URM

3. 司机在列车运行中发现有影响行车的障碍物、区间有人员、线路有异常等情况时，应果断停车，并立即将情况报告给（　　），按其指示处理。

   A. 值班主任　　B. 行车调度员
   C. 车辆段调度员　　D. 行车值班员

4. 下列选项中，属于包乘制特点的是（　　）。

   A. 需配备的司机人数较多　　B. 节省参与运行的司机人数
   C. 有较高的工作和管理效率　　D. 降低车辆使用成本

5. 当车辆段计算机联锁系统正常时，列车占用转换轨的凭证为出车辆段信号机的（　　）灯。

   A. 红　　B. 黄　　C. 绿　　D. 蓝

6. 车辆段行车工作由（　　）集中领导、统一指挥。

   A. 值班主任　　B. 行车调度员
   C. 车辆段调度员　　D. 行车值班员

7.（　　）根据调车作业计划单，正确、及时地显示信号，指挥调车司机操作，并注意行车安全。

A．值班站长　　B．行车值班员

C．车辆段调度员　　D．调车员

8．在调车作业过程中，司机在无法瞭望信号、信号中断、联络中断或者认为有异常情况时，应采取的措施为（　　）。

A．必须立刻停车

B．报告调车员后根据指示决定是否停车

C．可以停车

D．继续作业

三、判断题（正确的在题后括号内打"√"，错误的打"×"）

1．司机应在充分休息的情况下出乘，按规定时间、地点办理出乘手续，领取相应物品。（　　）

2．在正常情况下，列车经由联络线出段。（　　）

3．司机在驾驶列车时，应精神集中，加强瞭望。（　　）

4．轮乘制是一列车由一个乘务组固定使用的制度。（　　）

5．接发列车应灵活运用股道，做到不间断接车及正点发车。（　　）

6．原则上不得在非接发车线上办理列车接发作业。（　　）

7．列车停放在运用库时，可以压住平交道口。（　　）

8．在带电区段进行调车作业时，严禁调车人员在机车车辆或装载货物顶部指挥。（　　）

四、名词解释

1．轮乘制

2．调车

五、简答题

1．接发车作业有哪些规定？

2．简述轮乘制的特点。

3．在接发列车作业过程中，列车停车有哪些规定？

4．终止调车作业的条件有哪些？

六、综合分析题

从车辆运用角度，列车正线运行主要涉及列车运行交路、列车驾驶作业和司机正线交接班作业。关于列车正线运行，请回答下列问题：

（1）在图 5-1 中，与车辆段相邻的车站是哪个站？ N 站至 A 站、A 站至 N 站运行时长是多少？

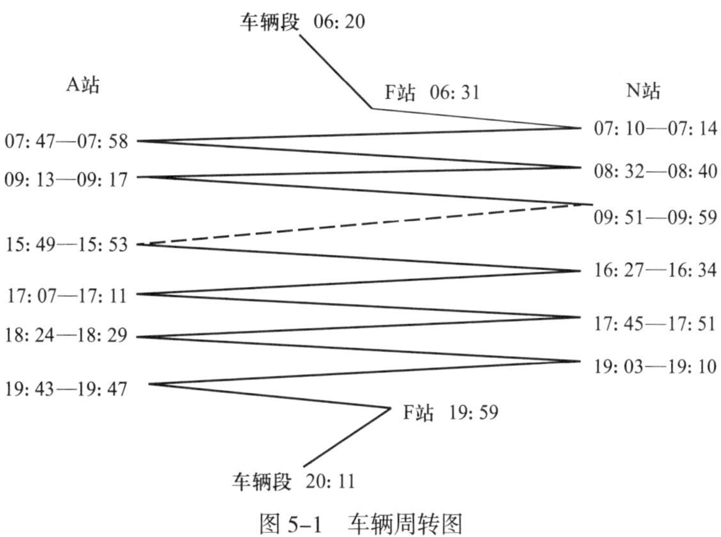

图 5-1　车辆周转图

（2）司机在驾驶列车时，应按照哪些要求进行操作？

（3）假定使用车组数为 18 列，列车里程数为 9 680 km，列车旅行速度为 30 km/h，实行单司机值乘，在列车折返站配备 4 名替换休息的司机。试计算采用包乘制（五班三运转）和轮乘制（四班二运转）时，需要配备的司机数量和出乘日平均驾驶时间。

第六章　施工作业组织

一、填空题（将正确答案填在横线空白处）

1. 按计划时间不同，施工计划一般分为月计划、周计划、______________和临时补修计划四大类。

2. 编入运营总部施工计划的施工，均会编制发布__________________。

3. 每项 A 类、B 类、C 类作业需设立 1 名______________。

4. 动火作业的动火点必须设______________，负责监督检查作业情况，现场操作人员必须持操作证上岗。

5. 凡进入线路施工作业的人员必须按要求穿____________，并根据作业性质及作业要求使用其他安全防护用品。

6. A 类作业必须经______________批准，方可进行。

7. 施工结束时间是批准施工________的时间。

8. 人员、工程车在同一区域作业时，作业人员应在自己现场作业区来车方向设置__________防护。

二、选择题（将正确答案的字母填在括号内）

1. 在车站、主变电所、控制中心范围内不影响行车的施工计划为（　　）。

A．A 类　　B．B 类　　C．C 类　　D．D 类

2. 需要在车站信号设备房动火的作业，属于（　　）类作业。

A．A3　　B．B2　　C．C1　　D．C2

3. C1 类作业如果需要停用 FAS、气体保护系统等，需要经（　　）同意。

A．行车调度员　　B．电力调度员　　C．环控调度员　　D．客运调度员

4. 作业区域同时包含正线和车辆段线路时，车辆段或车站在办理销点手续时必须同时向（　　）办理销点。

A．行车调度员　　B．值班主任助理　　C．值班主任　　D．运营控制中心

5. 外单位工程车在运营线路运行时，必须有运营总部（　　）添乘。

A．电客车司机　　B．工程车司机　　C．行车调度员　　D．行车值班员

6. 在施工安排开始前，施工单位、部门必须在作业规定开始时间前（　　）min 到车站或车辆段登记请点。

A．10　　B．20　　C．30　　D．40

7. 进入司机室的抢修人员不得影响司机的工作，并以（　　）人为限。

A．2　　　　B．3　　　　C．4　　　　D．5

8．必须搭乘客车到区间隧道抢修行车设备时，经（　　）批准，由值班主任助理组织抢修人员在车站等候，按行车调度员指定的车次上车。

A．行车调度员　　B．值班主任助理　　C．值班主任　　D．运营控制中心

三、判断题（正确的在题后括号内打“√”，错误的打“×”）

1．影响正线、辅助线行车的施工计划为 A 类。（　　）

2．属于正常修程内的 A1 类、A2 类、A3 类、B1 类、B2 类、C1 类作业应纳入月计划。（　　）

3．属于 B3 类、C2 类的作业不需要提报计划，施工作业负责人直接与车辆段或车站联系，经车辆段或车站同意后开始施工。（　　）

4．日补充计划应于工作开始前一周向生产管理部门申报。（　　）

5．临时补修计划应及时优先安排，不受月计划、周计划和日补充计划限制。（　　）

6．凡在运营总部所辖设备或所辖范围内进行的施工作业，可不持施工进场作业令或外单位施工作业许可单进场作业。（　　）

7．如果同一施工项目多站进行，除主站设施工负责人外，辅站应另设施工责任人。（　　）

8．作业部门必须按规定的作业时间到位进行作业及办理相关手续，超过 60 min 的视作该项作业取消，配合部门有权拒绝进行配合。（　　）

四、名词解释

1．A 类施工

2．B 类施工

3．施工计划开始时间

五、简答题

1．简述施工作业计划编制的原则。

2．施工负责人（责任人）职责有哪些？

3．车站施工请点前的安全预想包括哪些内容？

4．车站施工请点环节的安全控制关键点有哪些？

六、综合分析题

请对照表 6–1，回答下列问题。

表 6–1　　施工进场作业令

<table>
<tr><td>作业代码</td><td colspan="3">2A2–12–28</td><td colspan="2">作业令号</td><td colspan="3">[2020] 运营 × × 字第（0814）– × 号</td></tr>
<tr><td>作业部门</td><td colspan="5">车站服务四部</td><td>申报人</td><td colspan="2">王 × ×</td></tr>
<tr><td>作业题目</td><td colspan="5">手摇道岔培训和区间巡视</td><td>联系电话</td><td colspan="2">× × × × × × × ×</td></tr>
<tr><td>作业地点</td><td colspan="5">H 站 ~ L 站上行线、
H 站 ~ L 站下行线、N 站存车线</td><td>作业人数</td><td colspan="2"></td></tr>
<tr><td>作业日期</td><td colspan="5">2020 年 9 月 12 日</td><td>作业时间</td><td colspan="2">次日 01：00 ~ 04：00</td></tr>
<tr><td>主要作业内容</td><td colspan="8">1．手摇道岔培训和区间巡视
2．穿荧光服，现场设防护员防护
3．严禁越出作业区域
4．做好线路出清工作，作业不能遗留金属物，严禁踏、踩、拉电缆架。在销点时向车站报告出清情况
5．严格按作业令安排的时间和空间范围进行作业，原则上不得延点，特殊原因延点必须提前 30 min 以上向运营控制中心提出申请，经同意后方能按批准的时间延点</td></tr>
<tr><td>封锁区间</td><td colspan="8"></td></tr>
<tr><td>停电区间</td><td colspan="8">无</td></tr>
<tr><td>协作及其他</td><td colspan="8">信号人员配合复位 N 站道岔。联系电话：× × × × × × × ×。运营二中心通号维保二部信号四分部信号人员配合复位 N 站道岔</td></tr>
<tr><td>OCC 确认</td><td colspan="3">见施工行车通告</td><td colspan="2">自挂地线</td><td colspan="3">否</td></tr>
<tr><td>签发人</td><td colspan="8">张 × ×　2020 年 9 月 9 日</td></tr>
<tr><td>主站</td><td colspan="3">N 站</td><td colspan="2">负责人</td><td colspan="3"></td></tr>
<tr><td>辅站及负责人</td><td colspan="8"></td></tr>
<tr><td>完成情况</td><td colspan="8"></td></tr>
<tr><td rowspan="2">请点</td><td>时间</td><td></td><td rowspan="2">销点</td><td>时间</td><td></td><td rowspan="2">销令</td><td>时间</td><td></td></tr>
<tr><td>批准人</td><td></td><td>批准人</td><td></td><td>批准人</td><td></td></tr>
</table>

（1）该作业属于哪类施工？这一大类施工主要包括哪几种子分类？分别对应什么内容？

（2）在表 6–1 的“封锁区间”栏填写相应内容。

（3）施工进场作业令的使用有哪些规定？

第七章 行 车 调 度

一、填空题（将正确答案填在横线空白处）

1. 目前，大城市的轨道交通调度控制中心一般分为中央运营协调与应急指挥中心和__________________两个层次。

2. 运营控制中心、______和_________是行车指挥系统的三大组成部分。

3. 运营控制中心行车调度相关设备有综合显示屏、________________和通信设备。

4. 列车运行调整方式分为______列车运行调整和______列车运行调整。

5. 组织列车载客通过又称为_____________。

6. 当一条线路的列车由于车辆及其他设备故障或某种原因不能正常运行，造成换乘站站台上乘客拥挤时，行车调度员应采取_______措施，即将另一条线路的上下行列车扣在换乘站附近的各个车站，缓解换乘站的压力。

7. 调度命令必须由_______________发布。

8. 口头命令可不签阅，发令时应_____________、口齿清晰、语速适中。

二、选择题（将正确答案的字母填在括号内）

1. 运营指挥分为一级、二级两个指挥层级，下列选项中，属于一级指挥层级的是（　　）。
A．值班站长　　B．行车调度员
C．客运值班员　　D．行车值班员

2. 行车调度组织方式不包括（　　）。
A．人工调度指挥系统　　B．调度集中指挥系统
C．列车自动保护系统　　D．行车指挥自动化控制系统

3. 运营调度基本工作内容不包括（　　）。
A．编制列车运行图　　B．安排调度部门日常工作
C．组织列车运行　　D．应对突发事件

4. 当出现列车晚点、客流异常、列车故障、开行专列等情况时，可以使用（　　）的方法进行调整。
A．提前发车　　B．缩短停站时间　　C．加开备用车　　D．扣车

5.（　　）主要适用于特殊情况下的列车运行调整及救援列车的开行。
A．组织列车载客通过　　B．缩短停站时间
C．列车反方向运行　　D．变更列车运行交路

6. 下列选项中，属于发布书面命令的情形的是（　　）。

A．临时加开或停开列车（包括客车、工程车及救援列车）

B．封锁、开通线路时

C．停站客车临时变通过

D．客车推进运行、退行，工程车退行

7．调度命令发布要求不包括（　　）。

A．调度命令须由行车调度员发布

B．发布调度命令前，行车调度员可以不了解现场情况，不听取有关人员意见

C．受令处所若为沿线各站及运转站，应根据标准填记车站全称或采用标准缩写站名

D．发令人、受令人、复诵人、复核人必须填写全名

8．以下数字发音标准不正确的是（　　）。

A．“1”读“幺”　B．“2”读“两”　C．“7”读“柒”　D．“0”读“洞”

三、判断题（正确的在题后括号内打“√”，错误的打“×”）

1．中央运营协调与应急指挥中心（COCC）负责协调整个运营网络中的各条线路运营控制中心和相关部门，对路网运营状态和设备运行情况进行实时监控。（　　）

2．城市轨道交通系统是一个简单的、技术粗放型的公共交通系统。（　　）

3．运营指挥分为一级、二级两个指挥层级，一级服从二级指挥。（　　）

4．人工调度指挥系统只起监督作用，不具备直接控制功能。（　　）

5．调度集中指挥系统是目前城市轨道交通采用的主要列车运行方式。（　　）

6．书面命令一般至少发给两个受令对象，会对行车有较长时间影响。（　　）

7．调度命令内容应一事一令，先拟后发。（　　）

8．凡按列车运行图规定的车次和时间正点始发、正点运行的列车统计为正点列车数。（　　）

四、名词解释

1．调度命令

2．列车运行图兑现率

3．到达时刻

4．责任事故率

五、简答题

1．简述列车运行调整的原则。

2．列车运行调整方法有哪些？

3．发布书面命令的常用范围有哪些？

4．行车调度工作主要考核指标有哪些？

六、综合分析题

某城市轨道交通运营企业要求行车调度员进行应急处置时遵循如下原则：

当地铁设备发生故障或出现突发事件、事故时，行车调度员应坚持贯彻“安全第一、效率第二”，按照先通后复、梯度运营、最大限度维持运营、服务乘客的原则进行应急处置，尽快恢复正常的运营秩序，减小影响。

1．“安全第一、效率第二”原则

在应急处置过程中，必须时刻把“安全第一”放在首位，必须确保人员及设备安全，防止发生次生事件。在应急决策时，必须坚持“安全第一”的原则，谨慎行事。例如，当现场人员汇报的内容出现偏差、矛盾时，行车调度员切忌主观臆断、偏听偏信、下达存在安全隐患的指令。

2．先通后复原则

在发生应急事件或故障后，行车设备具备部分功能，满足有限度通行且不影响运行安全时，应尽快开通线路，缩短中断行车时间。例如，轨道故障影响行车时，行车调度员可采取限速措施组织列车通过。

3．梯度运营原则

梯度运营是指正线运营期间发生故障时，应视故障实际影响情况及设备功能条件，由正常运营→有限度运营→中断运营或由中断运营→有限度运营→正常运营的梯级模式进行故障情况下的行车组织，防止走向故障→中断或中断→正常两个极端。例如，正线线路上发生异常不能确定影响时，行车调度员要逐级采取列车人工限速（清客限速确认）、小交路运行、停运等降级运营组织措施，避免直接中断运营。

4．最大限度维持运营原则

最大限度维持运营是指发生突发事件后，在保证安全的前提下，在非故障区域，行车调度员通过简单可行、合理有效的行车组织，使故障对运营秩序造成的影响最小。例如，当正线某区段出现行车中断时，行车调度员可采取小交路折返、单线双向运行、备用车上线等措施维持最大限度运营。

5．服务乘客原则

服务乘客是指在发生突发事件时，及时发布事件信息及影响情况，确保乘客的知情权，并根据线路特点及车站客流特点，有针对性地采取行车调整手段，减少对乘客出行的影响。例如，当出现影响较大的故障时，行车调度员可采取小交路运行、邻线联控、启动应急公交接驳、发布 PIDS，以及向车站、司机发布晚点信息等手段，减少对乘客出行的影响。

根据以上材料，回答下列问题：

（1）行车调度员具有哪些岗位职责？

（2）行车调度员接到某轨行区轨道出现裂纹的报告后，根据现场专业人员的要求组织空车限速 5 km/h 通过无异常，再组织载客列车限速 5 km/h 通过无异常，于是组织后续列车均限速 5 km/h 通过，运营结束后再对故障进行修复。在此事件处理过程中，行车调度员坚持了什么原则？

（3）某站下行线某次列车故障救援，行车调度员及时组织两列车在上一站下行清客并经渡线折返到上行载客，安排备用车上线进行调整，减小了故障对运营的影响。在此事件处理过程中，行车调度员坚持了什么原则？

（4）某区间因外部违规施工导致隧道被凿穿，行车调度员根据该线路连接机场的特殊性，优先安排往机场方向乘客的出行，组织了多列次反向运行至机场站。在此事件处理过程中，行车调度员坚持了什么原则？

（5）行车调度员收到列车司机报“撞上了一台小推车”，而车站人员报的是“撞上了一个小锤子”，行车调度员没有组织车站人员与司机再次确认现场情况，就通知司机动车对标。在此事件处理过程中，行车调度员违反了什么原则？

（6）某区间临时隔离墙发生火警事件，行车调度员接到司机报告火苗的信息后将列车扣停在站台，组织车站人员下线路进行确认，使行车组织由正常状态直接进入到中断运营状态，最终造成该区间上下行线中断行车 27 min。在此事件处理过程中，行车调度员违反了什么原则？